FÜR MIA UND PAULINA

Michael Hammerschmid

WAS KEINER KAPIERT

Dieses Buch wurde aus den Mitteln der Karl Bruckner
Kinder- und Jugendbuchstiftung gefördert.

ISBN 978-3-7026-5996-7
1. Auflage 2024

Wir legen Wert auf nachhaltige Produktion unserer
Bücher und arbeiten lokal und umweltverträglich:
Unsere Produkte werden nach höchsten Umweltstandards
gedruckt und gebunden. Wir verwenden ausschließlich
schadstofffreie Druckfarben und zertifizierte Papiere.

WAS KEINER KAPIERT

GEDICHTE VON
MICHAEL HAMMERSCHMID

ILLUSTRIERT VON
BARBARA HOFFMANN

JUNGBRUNNEN

singlesong

ich stehe auf allein
heb meinen fuß heraus
stell ihn am boden auf

mein handy ist ein
bienenstock für heute
lass ihn sein

heut bin ich gut allein
heut üb ich mich drauf ein
ich dreh mich um
ich bleibe stumm
ich schließ die tür   mein körper
ich bleibe hier   ist ein bienenstock
ich geh hinaus   ich bleibe heut
sie gehen aus   allein
nicht ich
nicht ich   ich schnuppere
nicht ich   an meinem schlaf
        ich lege mich hinein

        heute ist ein langer
        tag an dem ich niemand
        sehen mag
        ich bleib heut allein
        allein
        alleinallein
        allein

wie man durchgeht hat er sich geklont

es ist ihm egal
wie er rüberkommt
solang er sich in
der sonne sonnt
solang er in die wonne
kommt solang er
sich nicht ständig
wiederholt und
er dem muster x
entgeht und trotzdem
1000mal ins handy
schaut und sich dort
nen tipp und lange-
weile klaut mit dröhn-
ender musik sei er
dann abgehaut
es war ihm ganz egal
wie er rüberkommt
nur wie man durchgeht
das hat er sich geklont

es war ihm scheiß-
egal wie das rüber-
kommt ich hätt
ihn nie verhöhnt
hätte mich mit
ihm versöhnt
er hat einfach nichts
beschönt er war
ungeföhnt und
ungetönt

in seinem fensterlosen haus

jenem geht es gut
unter seinem fenster-
losen dach in seinem
fensterlosen haus
hinter seiner fenster-
losen tür
bach toccata und fuge
man hört ja sein
eigenes wort nicht
in seinem noblen
staubentfernungswahn
über seinen autoreifen
schwarz zweimal täglich
hinter seinem fuß-
abstreifer braun
in seiner absperr-
zufriedenheit
geputztes konto
silbrig glänzend
hobby ordnerordnung
mit seinem gummisohlen-
schritt
ratgeber fadreder super-
marktgaragen-
und frühinsbettgeher
stopp: vielleicht ist er
ja trotzdem nett?

ICH WEISS NICHT
WAS ICH WERDEN SOLL
TOLL JEMAND MIT GELD
JEMAND MIT GLÜCK
JEMAND MIT COOL
JEMAND VERRÜCKT
JEMAND VIELLEICHT
DEMS JETZT SCHON
REICHT

JEMAND DER NICHTS
ZU WERDEN VERSPRICHT
JEMAND DER LERNT
WIE MAN VERLERNT
DER NUR STUDIERT
WAS KEINER KAPIERT
JEMAND DER PENNT
WÄHREND ER RENNT
JEMAND DEN KEINER
ERKENNT
JETZT WEISS ICH
WAS ICH WERDEN SOLL

VOLL !!!!

wäre fast erstickt

schaut dich lange an
fängt ganz unten
an schaut die zehen
an macht den blick
dann lang wandert
dich dann an hört
dann endlich auf
u-bahntür geht auf
nimmt den blick
dann mit
hol mir mich zurück
schreie ihm hinterher
und das noch viel mehr
türe geht dann zu
endlich wieder ruh
und ne frau n mann
sitzend neben mir
nicken mir jetzt zu.
wäre fast erstickt.
sag ich nur.

das lied vom schönen ich

ich habe so ein
schönes ich
und trotzdem
ist es fürchter-
lich mach ich
es auf seh ich
mich drin doch
weiß ich nicht
was ich drin bin
ich mach es zu
und stell mich auf
mein ich ist
schön doch pfeif
ich drauf
ich lauf ich lauf
und lauf und lauf
so raufe ich mich
endlich auf
weil schön ist
schön und
ich ist in

doch mir ist
anderes im sinn
ganz anderes
im sinn der
ist im unsinn
tief darin
und sag du
ruhig dass ich
jetzt spinn
ich spinne
gern und spinne
fern und spinn
an meinem
schrägen stern.

er fetzt in mich

der krieg fetzt
in mich
der bildschirm
zerfetzt
ich bin nach
außen unverletzt
die bilder
fahren tief in mich
die worte schlagen
fürchterlich artikel
lese ich doch
fass ichs nicht
dort so nah und
ist doch da
die welt brennt
die liebe brennt
die luft brennt
der tod brennt
wir schreien ja
wir rennen
wir helfen
wir pennen ver-
pennen auf auf
noch mal
wir rennen
da da und da

algo-rhythmus

WAS IST DAS FÜR EIN
RHYTHMUS
MAN NENNT DICH
ALGORHYTHMUS
ICH SPÜRE NICHT DEN
RHYTHMUS DER MEINEN
RHYTHMUS KENNT
WAS KENNT DENN
DIESER RHYTHMUS
WAS WEISS DENN DIESER
RHYTHMUSS DER NICHTS
ALS DATEN KENNT
ICH MACH NEN ANDREN
RHYTHMUS DASS KEINER
MICH ERKENNT
ICH KLATSCH IHN NICHT
ICH TANZ IHN NICHT
ICH HAB IHN NICHT GE-
SCANNT ICH HAB MICH
UMBENANNT BLEIB
UNBEKANNT BIN FORT-
GERANNT
VERDAMMT.

no comment

DU ANTWORTEST
NICHT ICH SPRECHE
UND DU ANTWORTEST
NICHT AUF MEINE
FRAGE HÖRST NICHT
HÖRST SEHR GENAU
NICHT WAS ICH
SEHR GENAU SAGE
KEINE ANTWORT
KEINE FRAGE

nichts und was

nichts bin ich
nichts hab ich
nichts gleich ich
alles recht hab
ich verspielt
und zieh mich
aus weil es
nichts braucht
und warte bis
der durst kommt
und brennt in
mir der hunger.

und ich zieh mich
wieder an
und schaue wieder
auf und hör zu warten
auf und spür das recht
an mir und freu mich
an dem atemtier
mein erstes tier
erinner mich ich
gleiche dir und esse
was und trinke
was ich hatte was
was ich jetzt nicht
mehr bin.

2024 2026 2029 2034 und ½
2070 80 90 3000 4000 5000 ...

die umwelt fliegt es fliegt es fliegt die umwelt
die umwelt rückt ab entfernt sich will nichts
mehr zu tun usw die umwelt in der flasche
gesammelt hat er sie schaut sie an aus der
flasche wie ein geist die umwelt diese eine
nur diese mit deinen fingerkuppen berührt
diese deine die dir nicht gehört aus der flasche
die überall war und immer noch ist der du
hinterdrein schaust wie sie was isst soll auch
gut satt sein fütterst sie ihren schnabelmund
es fliegt es fliegt es fliegt und bist sie selber
auch noch dazu die umwelt der andern und
lässt sie los und hältst sie noch das pflanzen-
tier dessen herz in dir so pocht ich liebe dir

wesenlich

im geschlechterrauch
taucht ein wesen auf
wie es ansprechen
wie es glauben
weil es sich verwandelt
verdreht explodiert
implodiert verkehrt
verzehrt und ich ich
hab mich nicht be-
schwert weil ich leichter
bin ein flügelleichtes
ich eher wesenlich
und sehr getraut und
weiß mich nicht und
weiß dich nicht und
fühl mich ihm und dir
und mir schon so vertraut

mit ihren glatzen

mit ihren glatzen weißen
haaren mit ihrer langsam-
keit mit ihren alten schuhen
und falsch gebundnen schals
mit ihrem sitzenbleiben reden
freundlichtun mit ihren tipps
mit ihren blicken ihrem grant
und nicken mit ihrem weg-
geschmolznen tanz mit ihrer
unsicheren hand mit all
den erinnerungen die in ihnen
singen mit ihren geschichten
und ständig dinge schlichten mit
ihrem hundertjahrealten schalk
sie sind grauenhaft peinlich
und alt. warte nur bald bist du
selber auch so alt sagt der glatt
als hätt ich ihn tatsächlich
gänzlich satt –
so n irrtum

du, mit rockhosundschuh

du trägst einen rock
aus flocken der wärmt
dich wie ein socken
du trägst eine hose
darunter eine rose
du trägst spitze
schuhe und stichst
damit die ruhe
du trägst lippenstifte
damit sie dich beschrifte
die die du magst es
sind in einer drei
und du trägst einen bart
dieser ist vielleicht so
zart dass er singt
und wenn das alles
komisch klingt so
weißt du was mir
wirklich stinkt

die bilderhalter
wissenswalter
die projezierer
die tapezierer
die blicklosen
trickvollen die
immer für sich
selber tollen
du trägst nen
rock nen schuh
ne hose dazu
du bist mein du.

no chance

NO CHANCE
WIR SIND NICHT GLEICH
DU BIST ARM UND ICH
BIN REICH
DU BIST MAN
UND ICH BIN SIE
SIE IST WAS UND
ICH BIN NIE SO
MERKGESCHEIT WIE DU
DOCH SCHNELL WIE
EIN NU UND KLEIN
BIST DU UND GROSS
BIN ICH DURCH MICH
UND DICH VERLÄUFT
EIN STRICH UND NOCH
EINER UND NOCHUNDNOCH
DENN SELBST MIT MIR
BIN ICH NICHT GLEICH

BIN ALT UND JUNG
UND FREMD UND WEICH
UND TOBEND LIEB
UND SCHRECKLICH NICHTS
DAS BIEGT UND SCHIEBT
UND STREICHT DEN STRICH
DOCH SICHERLICH
DAS HOFFE UND DAS FÜRCHTE
ICH. NO CHANGE NEINNEIN
WIR SIND NICHT GLEICH
UND IST WOHL FEIN
HÖR AUF WIR GEHEN
DA JETZT GEMEINSAM
RAUF UND GEHEN DANN
AUCH BEIDE REIN

DENN ICH MÖCHTE
BEI DIR SEIN.

wände voller familie

die wände voller familie
zeitausschnitte und das gute
schloss an der tür
die vollgestopften schränke
die sanften braunen gardinen
die decken und der
fernseher der spricht
die noch verpackten geschenke
das technische gerät
die ledleuchte die
dämmerung das telefon
die vitrine der immer neue
alte staub die lange nicht
mehr gelesenen bücher
die noch nie gelesenen
wächter der zeit die abläufe
die toilette die ewigkeit
der einkauf besuch das
geschirr gewaschen noch
im kleid die einsamkeit.

ich spür echt nicht was das soll

ich spür echt nicht
was das soll
ich weiß echt nicht
was das ist
warum sie so was
sagen soll
ich geh herum
und fass es nicht
ich steh vorm
spiegel seh mich
nicht
die tränen kommen
später voll
ein see gesicht
und immer noch
versteh ich
nicht.

ich trage diesen
klumpen weit
klumpen aus neid
und stolz und eitel-
keit mir kommt
vor bis übers ende
meiner zeit mir
graut vor solcher
ewigkeit
doch später
hab ich mich
davon befreit
doch wusst ich
das noch nicht
als ich da ging
und weinen
musst
ganz unzuzweit.

keine feste keine
feier weit und breit
nur natur nur stein
und stille nur ein
paar verlorne schritte
einmal raus und einmal
rein keine menschen nur
die tiere kommen fast
herein kommt zu mir
herein ach kommt zu
mir herein.

so schaut mein heute aus

heute bin ich nur
im handy heute
bin ich gar nicht
da heute bin ich
bildlich
heute bin ich
virtuell heute
bin ich ohne mich
im internet
doch super-
schnell.
heute surf ich
weiter weit
über mich
hinaus.
heute bin ich
unsichtbar
und sitze doch
zuhaus. so
schaut mein
heute aus.
aus.

du bist zu spät

kaputter baum eins zwei
sticht hervor kaputter tag
drei vier sticht nicht hervor schon der morgen
eingedellt die haustür
reißt dich auf der boden
klatscht auf dich auf
du bist zu spät einen
ganzen tag lang
der tag das leben
holst dir deine enttäusch-
ungen ab und die erste
gemeinheit die wird dir
sogar von deiner besten
freundin überreicht und
in den hals gesteckt
wo sie dich unverschluckbar
reckt ein aufgedunsener
igel so fühlt sich das an
sie hat jetzt deinen mann
kotzen schwierig im moment
sterben schwierig im moment
totsein lebendig küsschen
hand aufs hemd so ein tag
fünf sechs sieben oder
schon eine woche acht neun
verzweifeltsein.

komisch

er hängt den haken
von der wand. die
wand ist leer. der haken
liegt am boden dort
wo der mantel liegt
er ist zufrieden. er
sieht sich die löcher an.
die löcher in der wand
der nägel in der wand.
er möchte sich gerne
auf den boden legen
doch würde das wie ein
arrangement aussehen.
er legt sich auf den
boden und das arrang-
ment kümmert sich
nicht um ihn er nicht
um es. wie lange es
ihm gelingt? mittler-
weile steht er in der
küche und trinkt.
das wasser erscheint
ihm wie wein. er hört
zu trinken auf. es war
richtig fein.

ich möchte tänzerin werden

ICH MÖCHTE TÄNZERIN WERDEN
ICH DREHE MEIN GEHIRN
MEINEN SINN ICH SPRINGE
SCHWEBE FALLE LEICHT
INS LIEGEN BIEGE DIE ZEIT
UND SCHWINGE AUS UND
LAUFE IN DEN NÄCHSTEN
SPRUNG DANN HALTE ICH
MICH AN SINKE UND
RIECHE MICH HINAUS HINAUF
WERDE LANG UND DREHE MICH
DANN WEITER AUS UND BREITER
VERLIERE ICH MICH UND
FANGE MICH AUF. ICH MÖCHTE
TÄNZERIN WERDEN.
NEHME EINIGES IN KAUF.

gleich

hochnäsig gescheit
und zu allem bereit
bösartig gut und von
nachlässigem mut
wie ein voller kasten
wie voller unan-
geschlagener tasten
lauernd schnell un-
rund grell scharf und
zu weich kommst
du ich komme gleich

es muss tanz sein

bei ihm brauchts nicht viel
fehlt ihm nur eine stunde
schlaf kann er sich nicht
mehr konzentrieren hat er
sein essen nicht pünktlich
wird er beschissen ist etwas
laut hört er zu arbeiten auf
regelmäßige töne machen
ihn verrückt seine haut ist
empfindlich kleinste be-
rührungen machen ihn rasend
und sieht er ein unrecht an
stürzt es in seine augen
und schlägt ein macht er
bewegung muss es tanz
sein normalerweise bereitet
ihm alles schmerzen
formulare drücken ihn an

die wand ämter fesseln
zwang lähmt ihn könnte
er schreien er schriee
zu viel freizeit rüttelt an
seinem selbstbewusst-
sein arbeitstage hetzen
ihn ins bett seinen lieblings-
ort bett teetasse leeres
zimmer unerwarteter ort
komm immer auf der suche
wasser fließ sei kühl und
kläre stadt brodle paris
gäre und licht triff die
straße abends und
strecke die schatten zug
zieh durch die zeit
zufall hüpf mach auf
morgenstunde rieche
sein schreiben kommt
aus der sprachlosigkeit

absurdes theater

wir gehen in die schule
die schule ist dunkel.
beim fenster fällt nacht
herein der lehrer gähnt
uns aus. wir schlucken
nicht wir halten starr.
die dampfenden schul-
taschen missachten alle.
es ist zu finster sagt a
so kann man nicht lernen.
keine antwort von nie-
mandem aber es war
auch keine frage. nur
ausatmen das lässt sich
einfach nicht machen.
absurdes theater sagt
b. da fangen alle an
zu lachen.

wer weiß

SICH SELBST ÜBERRASCHEN
DAS SOLL MAN SICH
ERSCHRECKEN WARTEN
NICHT WARTEN EINEN TAG
OHNE HILFSZEITWÖRTER EINEN
OHNE ICH EINEN ZWEI
WER WEISS WAS NOCH MÖGLICH
IST

ich muss faul sein

ich muss faul
sein sonst werd
ich mein leben
nicht schaffen
ich werde das faul-
sein an mich raffen
es mir überziehen
einatmen ausatmen
dem stress die patschen
ausziehen ich muss
faul sein sonst werd
ich debil faul in der
früh faul in der nacht
faulsein geschenkt
gekauft selbstgemacht
faulsein vergessen
nichts mehr abmessen
nichts wissen nichts
fragen nichts vor- und
nichts nachsagen
ich faule vor faulsein
schon ab doch dann
spring ich
über das grab.
glück gehabt.

kurz unwirklich

kurz warst du unwirklich
ohne zu wissen wie lange
doch aus fleisch und blut
und geist aber kurz
musst du weg gewesen
sein die sonne wärmt
dich du scheinst zu-
frieden in deinem
schritt der dich trug
in der stadt die dich
umgab in deinem atem
der dich dir nahm und
dich dir gab und doch
unwirklich du hättest
nicht gewusst wie du
dorthin gegangen bist
hattest es vergessen und
wusstest es du hast
dich erinnert gib es
zu du warst gar nicht
unwirklich du schienst
nur so du wolltest
es sein ach unsinn
wer will schon un-
wirklich sein?
du allein?

party

unter leute getaucht
durch den raum die
worte die blicke vor-
bei gekratzt und an-
geeckt nicht da und
dort doch weiter-
gerudert durch den
plunder durchs dumpfe
gewatet an der blö-
digkeit beinahe ver-
blödet vierzehnmal
angesteckt fast ver-
brannt und an ver-
schiedenen stellen
innen und außen an-
gerannt dass es
schmerzt geblutet
hat geblitzt aber
gesammelt dabei
was zu wissen war
und jetzt bin ich da
bei dir. gehen wir?

der krieg (2)

der krieg krieg krieg
immer nur das wort
wollte es nicht sagen
wollte wollte wollte
überall im fernseher
handy am wischfinger
steigt in die augen kopf
herz breitet sich aus
blut fleisch schritt
meine geste deine
augen blick krieg
krieg krieg den gan-
zen tag das ganze
gespräch lang
dezenter ferner
nahegekommener
offener bösartiger
krieg krieg krieg
das notizbuch füllt
sich an damit jede
leere seite voll da-
mit das schulbuch

die bücher die tassen
der kühlschrank der
ferne hunger der
ferne krieg krieg
krieg nahe gerückt
eingerückt in den
tag in die stunde
sekunde riecht nach
metall nach schutt
der baustellen
riecht nach krieg
die straßen der
bauarbeiter poli-
zisten polizis-
tinnen die farben
die schwarzen
fenster die kabel
schlängeln ihn
durchs zimmer der
treibstoff treibt
ihn in die auto-
mobile die sonne
scheint ihn an sein

schwarz sein grün
sein braun sein
grau seinen gestank
seine pest seine
wunden seine ver-
zweiflung seine
nüchternheit
seine stumme
intelligenz seine
himmelschreiende
dummheit seine
stille und seinen
lärm seine stimm-
losigkeit seine glied-
maßen zerrissen
zerbombt seine
sich selbst zer-
störende kraft

kickklickkick

vielleicht bin ich da
vielleicht bin ich dort
vielleicht klicken sie mich
fort vielleicht klicken sie
mich an wer bin ich dann
ich klicke sie zurück
kick sie an das ist verrückt
ich kicke was ich kann
mich scheißt das klicken
an doch dann klicke
ich herum klicke sie heran
klicke mich hinein will
bei ihnen sein aber dann
strecke ich mich aus
schalte alles aus
rieche nur die luft
find sie ist ne lust
gehe dann hinaus
sehe eine echte maus
vielleicht bin ich ja
jetzt da wo ich eben
war kicke in die luft
etwas wie nen frust
bin halt doch ein
schuft – schon gewusst?

SO STILL OBWOHL ALLE REDEN
WIE TRÖPFCHEN FALLEN DIE
WORTE AUF DEN BODEN UND
VERSCHWINDEN. VORHER
GAB ES STREIT. EINE KURZE
BOSHEIT. ZWEI DREI. DANN
DIE STILLE DIE MAN SCHNEIDEN
KANN. DANACH BEMERKUNGEN.
REDEN. ALLES WIE IMMER.
ABER NICHTS WIE VORHER.
JEDER IN SEINER EIGENEN
UNERTRÄGLICHKEIT.
WIE ICH DIE DECKE AUF-
SCHÜTTLE DAMIT SIE MICH
GUT SCHÜTZT. ES WIRD EINE
SCHWERE NACHT UND BIN
DANN DOCH MAL EINGEMÜTZT.

hättest wärest

hättest haben müssen dort sein
küssen hättest wissen sollen
wollen nisten abseits dieser
tollen mundrand lippen haare
duft hättest all das doch ge-
musst hättest wollen können
dürfen verbotenes auch schlürfen
hättest tasten riechen schmecken
wärest würdest wolltest hättest
doch du musstest dich verstecken
konntest anders dich nicht retten.

offen

ich war offen
fast hätte ich zu
stehen vergessen
sie glaubten sicher
ach besoffen
ich bin mir selbst
entflossen
mein gesicht
ich tastete danach
und fand es nicht
das foto zeigt es
nicht kurz beiß
ich mich mein tier
sagt hier
fast dachte ich
es stopft das loch
ich streichle es
dann kommt es
doch verwandelt
sich in einen
stich den dreh
ich aus das licht
geht an
theater aus
licht an
arbeiten.
dranbleiben.
sonst nichts.

stimme

RUF DOCH EINFACH AN
NICHTS IST EINFACH
UND LEG DIE STIMME
IN DIE SCHALE
IN MIR IST DEINE
STIMME UND ICH
STAUNE UND ERFREUE
MICH AN IHR.
IN MIR IST DEINE
STIMME UND FLIEGT
AUS UND EIN WIE
EIN VOGEL.
UND ES IST KEINE
FRAGE DER JAHRE
ODER JAHRZEHNTE
SIE FLIEGT AUS
UND EIN.

rätselhaftes gedicht

siehst du das wäre
die frage gewesen:
man liebt die stimme
am ende aber es
genügt doch ein kleines
stück die zukunft und
die vergangenheit hätten
sich wieder links und
rechts oder wie soll
ich sagen neben der
gegenwart niedergelassen
die dich so lange verrückt
machte. deine einsame
gegenwart. und jetzt lass
die begriffe ruhen
merkst du wie sie
zu den dingen zurück-
strömen zu den er-
eignissen werde konkreter:
ich stellte mir vor
du stelltest die
frage
nicht.

tu ich nicht

nein das mach ich brauch
ich werd ich will ich tu ich
nicht steht in meinem ge-
sicht kannst du nicht lesen
glaubst du ich bin du denkst
du ich brauch keine ruh
denkst du was denkst du
irgendwas wenn ich nicht
will meine hände machen
viel meine –

leider weiß ich nicht einmal

leider weiß ich nicht
einmal was haut
ist die auf mir ist
die um mich ist sich
kümmert verkümmert
bekümmert hinter
mir zwischen mir
und dir vergessen
wartet gewärmt
friert und augen
hat eigener art
und aus überrasch-
ungen besteht
die niemand
versteht.

farbenblind

DAS GEDICHT VON DEN
FARBEN HAT VORHER
BEGONNEN UNTER DER
ZUNGE IM KOPF VIEL-
LEICHT AM WORT NEHME
MAL KRAPPLACK UND
DEN WERTVOLLEN AQUARELL-
KASTEN DAZU
IN DEM DIE FARBEN
ZU TROCKENEN WÜRFELN
GEPRESST SIND UND
DAS BÜCHERREGAL MEIN
FARBKASTEN MIT
VERSCHIEDENEN BLAUS

UND DAS LICHT
ALS WASSER ES
AUF DER HAUT ZU
VERMISCHEN DASS ES
WARM VERDAMPFE UND
DUFTE NACH SOMMER
WINTERTAG SO UND SO
VIEL UHR GENAU JETZT
DAMALS IM KORBSTUHL
IM TÜRMCHEN
WIE EIN KLEINER
SCHNITT AUS DEM DIE
FARBE NOCH BLUTET:
KRAPPLACK ALS KIND
HABE VOM FARBWORT
GEKOSTET.

passt?!

das eine passt zu
dem anderen das
andere passt zum
nächsten doch dieses
passt nicht der schuh
passt zum ohrring
der ohrring zu dir
doch du bist nicht
darin und der ohrring
gehört mir der morgen
passt nicht zum tag
der tag verpasst dir
nen schlag und die
nacht ringe unter die
augen die der spiegel
nicht mag das bild
passt dir jetzt doch
der platz dafür nicht
außerdem scheint
von draußen zu viel
neonlicht dann passt
das licht doch das bild
passt doch nicht
du schlüpfst also
hinein und stellst dir
drinnen dein bein.
passt!

unsprechbare sprache

unsprechbare sprache
hinterzüngig tiefköpfig
rau voll rotz und rausch
zergraben bejagt genau
wie die kleinen be-
wegungen am unerwarteten
ort im bauch schreckt auf
und fort

gemisch

schminke zeichen ränder
schatten creme watte
morgen abend sonne
bilder wasser wärme
barfuß betten bräune
kratzen räusche
bärte klingen düfte
worte warten wetter
frust fragen piepsen
nacht.

das was ich will

ich jongliere das was
ich will fliegt vor mir
in der luft und so bewege
ich mich daran erkennt
man es und auch wie
ich davon spreche es
kommt hervor im reden
selbst wenn ich schlafe
jongliere ich es bilde
ich mir ein dadurch
weiß ich fast wer ich
bin oder muss es fast
nicht wissen solange
es sich bewegt mich
vor mir jongliere ich
es was ich will

die nacht ist hell geworden

die nacht ist hell
geworden der tag
dunkel der tag
barfuß neigt sich
rutscht weg
aus der nacht
verschwindet
fast die nacht
leuchtet im
inneren und die
flammen schlafen
in der haut
in der erinnerung
vier
drei
zwei
eins

metonymie

das glas mineral steht
aufrecht und glitzert wie
ein diamant doch ich
sag es nicht fließt als
fluss durch mich wartet
hell vor meinen augen
noch ein zweites das
ans bier nicht anstößt
mit kleinen aufsteigenden
kugeln die sich selbst
befreien niemand an die-
sem ort will das glauben
ich trinke hier.

kein geheimnis

sie liegtlauert wohlgehütet
bereit zum sprung ins weiche
warme braune schwarze süße
bittere hab sie mir selbst versteckt sie zu früh bemerkt an
mich genommen in den mund
in mir ist sie entkommen mit mir
ein stück.

beschissen

ich soll latein
ich soll sitzen
die bücher an-
schauen nicht
schwitzen ich soll
nicht sterben
ich soll erben
erben soll schlafen
und wachsein in
jedem kaff glücklich
sein ich soll spa-
zieren nicht auf
allen vieren ich
soll haare haben
einen gang und
fragen sagen stunden-
lang bescheid wissen
worte und blicke
im rechten rhythmus
hissen und heimlich
nur küssen nein
neinneinneinnein
neinnein neinnein
nein

nichtzeit

das halb aufgestoßene
fenster durch das die
zeit aus- und eintreten
kann vielleicht es nicht
absperren ich habe es
nicht geöffnet es war
geöffnet solange
ich es nicht beachte.

bläcke box.

ich bin ne bläcke box
sagt sie sagt er
sag ich sagt wer
man wirft was rein
doch was kommt
an kommt ran
kommt rein kommt
raus wer kennt
sich drinnen aus
drinnen im innern
im kopf im herz
im wort im schmerz
wo die verbote
gebote lauern
kauern mauern
hol mich
da raus
aus dem aus
aus.

eher sich wegdrehen

man muss nicht hin-
sehen eher sich weg-
drehen eher schräg
kurz ein augenblick
zurück was andres tun
alles gesehen durch
gar nicht viel durch
wenig ein spiel
knapp vorbei ins
ziel das mich be-
wegt und auslegt
durch seinen blick
knapp zurück
deutlich über der
wange hinweg
weg fort für immer
dort mein immer
fort – kein sport

vor und nach dem regen

SIE LIEBT REGELN
DEN DUFT NACH DEM
REGEN DEN DUFT
VOR DEM REGEN
DIE GESCHLOSSENE
TÜR UND WIE DIE
WORTE FLIESSEN
WENN SIE SCHREIBT
UND SICH ETWAS
ZEIGT WIE DER
DUFT VOR UND DER
NACH DEM REGEN
WENN ES AUCH
GAR NICHT REGNET
ZURZEIT

hinter den masken

SPÄT WENN DIE RINGE
FALLEN HINTER DEN MASKEN
WO NICHTS UND ALLES IST
UND DER WESENTLICHE MOMENT
SICH SCHLÄNGELT OHNE SICH
ZU VERBIEGEN AN DEM DIE
WORTE ABPRALLEN AUS DEM
DIE WORTE KOMMEN ZART
WAHRHAFTIG FREI

meine sache

ja sie sind da gehen
da stehen telefonieren
essen ermahnen mich
ich hätte das ja doch
vergessen sprechen mit
der türe lassen mich
spüren ich sei nicht aus-
gesprochen nett wenn
ich was tät heut ist es
zu spät und es wird
später als spät weil
noch was geht was
ich heute noch mache:
meine sache

kleines lied von der ähnlichkeit

bin ich ähnlich
diesem bin ich
ähnlich jener
diesem bin ichs
nicht bin ich
trotzdem ähnlich
ähnlich und auch
nicht.

elegie vom geld

ein mit geld ausgestopftes gedicht
sich anschleichend an es das geld
geldkotzend die geldfrage auf die
hosentasche reduziert ein gedicht
auf die bank tragen das bankange-
stelltengesicht vergoldet vom licht
das gedicht im handel doch es ver-
handelt keineswegs gewichtslos
auf der waage der lippen der liebe
rotgold blutgelb aufgerissen ja
heast scheiß noch amal heast oasch.

was andres

ich mache was andres
was andres ist immer
besser
kommt ihr an
fahr ich weg
fahrt ihr weg
komme ich an
ich mache was andres
das ist besser.

rätselraten

die unbekannten geheimnisse
nachteulen morgenmuffel spaß-
vögel tanzschuhe tiefstimmer
ehrliche hochstapler meiner
fantasie du kennst sie
(ich) nie.

rede

ÜBERGOSSEN MIT ZEIT NEIN
IN DER STILLE STECKT SIE VERSTECKT
SIE SICH MICH REFLEKTIERE ICH
IM TAKT DER AUFGABEN DER STUNDEN
UND SAG DAS WORT ZUKUNFTSSTURM
ABER WAS BEDEUTET ES ES RAST VOR
MIR DURCHEINANDER KURZ STELLEN
SICH MEINE ZUKUNFTSICHS VOR
KURZ UND ICH MACHE LÜCKENLOS
(FAST LÜCKENLOS) WEITER SPÄTER
SOLL ICH MEINEN LEBENSLAUF
NÄHEN NEIN DANKE SERVIER ICH
AB MIT TROTZPRANKE UND BIN
DER SCHULE FAST DANKBAR
FÜR IHREN SCHEISS ÜBERGOSSEN
MIT ZEIT ICH DANKE

einen regen lang

im klappern im bett klappert der regen
draußen auf mein dach im innern kann
ich mich erinnern an den regen als kind
das ich nicht mehr ganz bin an den klang
überhang sturm die tropfen auf den augen
im mund am kinn fingerspitzen das spritzen
die zunge regenduft in der lunge am ohr
im schuh und schnappt zu nach luft durch
die nacht durch die zeit verlängert vorüber
gehende ewigkeit krackert rackert schnattert
wackelt wallt wellt wuchtet gegen das fenster
klopft schreit

k.i.k.o.k.

habe ihn gesehen gesprochen
er war gescheiter als ich
nahm mir das wort aus
dem mund blutleer
und er musste nicht auf-
hören mit seiner quasi
ewigkeit härte klarheit
die an meinem sinn zer-
bricht er sprach deutlich
schön ohne gesicht doch
auch das wäre kein
problem für ihn nicht
dabei hilft er mir ohne
probleme so etwas kennt
er trotzdem mit seiner
miene zum spiel die
er macht menschen-
gemacht nur bis
zum anschlag ich
könnte lange so
weitersprechen nicht
einmal schlecht
ist mir wie hat er
oder hab ich das
gemacht?

länger schlafen

länger schlafen
der tag tröpfelt
auf die geschlossenen
augenlider die gefährte
(autos, schuhe, zeuge)
zeichnen auf der haut
schlieren vielleicht im
traum im beinahe
aufwachen kopfschmerzen
süße gedanken
watte klänge
umgestupster raum
umgestülpt
so ein verträumnis
von tag

ohne titel

lesen aber nicht zu viel und
denken zu viel und wieder nicht
dem donner zuhören ganz
dem schnee und an einer
anderen stelle weit weg
dem regen der kerze der
haut wie sie knistert nach
dem schlaf ein wort auf-
fangen bevor es verloren
geht es behutsam be-
wahren selbst wenn die
tür aufgeht und herein-
weht wind und mich aus
dem verborgenen jagt.

unmittelbar doch da
ein zimmer aus dingen
die gar nicht liegen beim
liegen die rennen und
h$^{\ddot{u}}$p^{f}en die pölster und
matten die ringe und
socken die röcke und
hosen und teile und
hefte und stifte und
bücher und kleber
und pflanzen gerüche
lichter schatten gewand
– unbekanntland

einfaches lied

wir sind ja so flexibel
wir lernen auch beim essen
wir essen auch im gehen
wir gehen noch beim bleiben
unterhalten uns beim schweigen
wir ruhen und wir wachen
sind fleißig auch beim lachen
wir haben viele spuren
und mindestens zehn uhren
wir können vielfach sehen
wir müssen uns nur drehen
und drehen drehen drehen
bis wir verdreht verstehen
so kann man untergehen

das nichts zu tun

jetzt
habe ich den ton
im ohr
das ohr summt
das lied
von hier aus
durchschlüpfe ich
die zeit setze mich
an die finger-
spitzen zwirble
einen gedanken
oder zwei
rieche was
es zu riechen

gibt
schnee stille
oder den herbst
ja erst herbst
und habe
nur das
nichts
zu tun
das reicht
weit
er
als
es selb
st

es drückt nicht na
da und dort in die
haut und unter der
haut und darunter
unter dem darunter
im dunkeln drin dreht
er wer was wie dreht
in mir jetzt war er hier
kurz lang sah ich mich
draußen im nüchternen
an den fliesen ich zitterte
da flatterte es wieder
im bauch meine wim-
pern warm er war
verschwunden nicht
ich.

der der der

der allesakzeptierer viel zu
gut kapierer der wartezapf
der hinterdrein der
brauenhoch und immer-
klein der horchhorch
bravhemd zähneputzer
der hatdabei und denk-
daran der schnellberechner
und lieber nichtsversprecher
der vorsicht ohne absicht
der löschpapier der spar-
herdfroh und vorbereiter
der lachvergesser zuhaus
das messer der sockengeher
kein augverdreher der der
der

echt

entschuldigt sich kennt
sich nicht tritt zur seite
bodenblick überhaupt
kein schritt wenn er geht
wohin auch wird er schon
sein gewand übersehen
kein wort an ihn um ihn
aus der luft geschnitten
hat man ihn erfunden doch
ihm ist einfach von uns schlecht
echt

hundert17

müde vom sprechen müde
vom gehen vom wachsein
sogar vom schlafen nach
dem kaffee so schön so elend
müde und lang so lang
und die nacht mit ihren
lücken löchern die augen
in der nähe die glocken
der klang des vergessenen
gesprächs ach, das alter ...

selbstporträt als offene uhr
mit dank an ernst jandl

name verzicht
alter zukunft
background schuld
interesse vergleich
geschlecht gender
krankheit angst
ziel halt
weiter
treffer keiner
gewand nackt
ernährung keine
gestalt internet
fehler
fehler
tanzt
alleine

essen

zwischendurch durch
löffelt loch in nachmittag
in nacht frisst aus das
letzte innere wirft behältnis
weg mit weg schläft mit
schlechtem gewissen weg
wacht hungrig auf isst
hungrig dann unhungrig
die reste auf fährt mit
zunge über lippen glänzt
einen kuss in die kamera
ohne kamera frisst liebe
auf stößt auf liebe doch
nicht weg da schaut liebe
auf – geneckt geweckt

wozu

BLINDES DATUM
STUMPFES HANDY
GRAUER MAGEN
ABWESENDER BODEN
LECKER HIMMEL
IDIOTISCHER FILM
IDIOTISCHER
UND DANN DER SPIEGEL
NOCH DAZU
WOZU?!

fragen

WAS MACHST DU WARUM
LIEGST DU WIE LANGE IST
DIR EIGENARTIG BIST DU
EIGENARTIG WO BIST DU
WO BLEIBST DU DENN
DIE TÜR IST ZU — WO SIND
DEINE SCHUHE?

nichts hilft

nichts hilft die bomben die
tabletten der sport das
gespräch (nein auch das
gespräch hilft nichts) der
ärztin 7 minuten der thera-
peutin stunde der mutter
liebevoller blick nicht dass
vater die türe zu lässt vielleicht weil er weiß und denkt
dass geschlossene türen
genauso wenig helfen
frische luft nein schlaf nein
musik welche musik das grau
der donnernden straße die
fratze des verkäufers
das geschenk der glücks-
stein man muss es sich
auf der zunge zergehen
lassen nichts
hilft

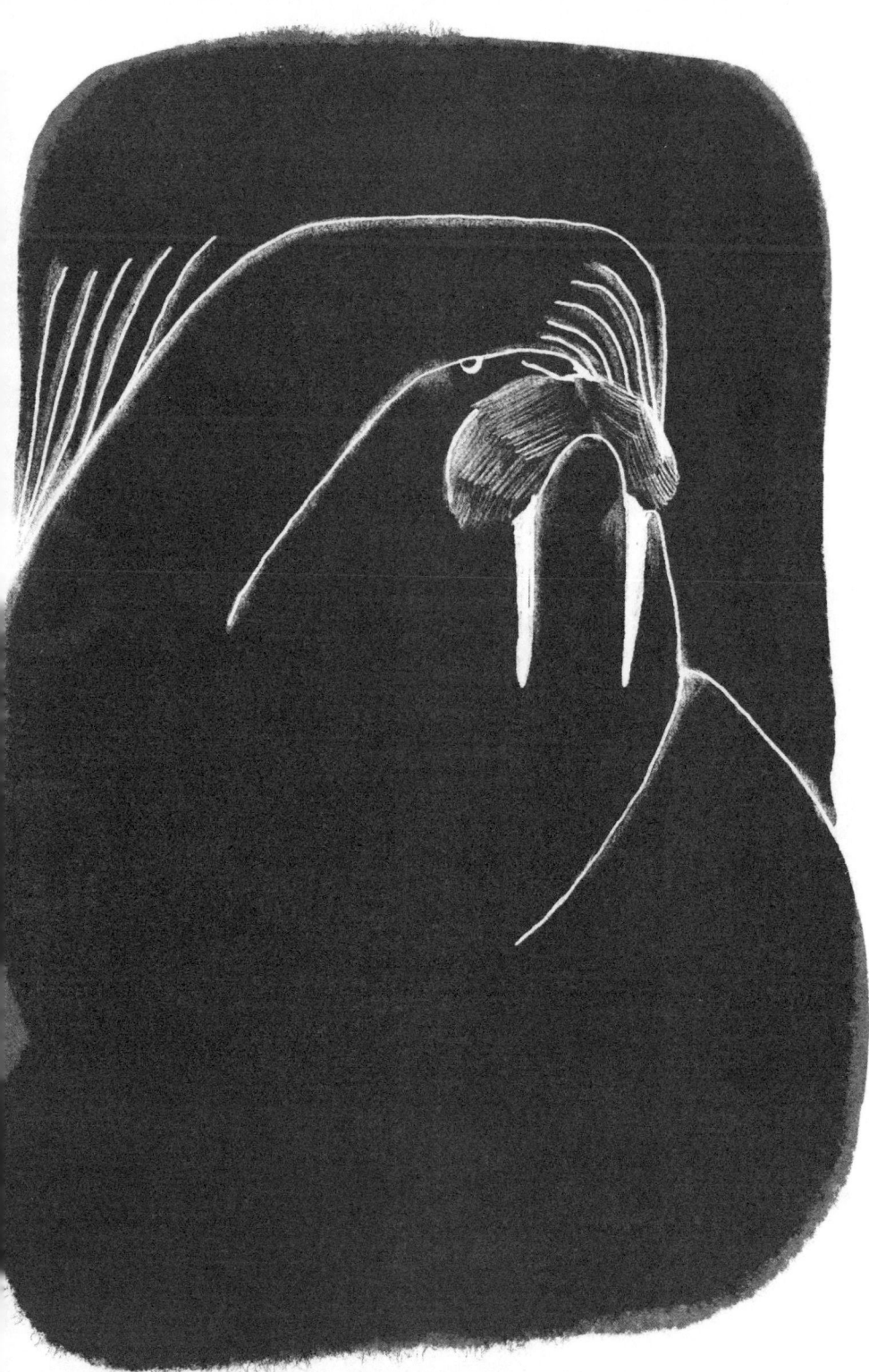

in notizen

ich lebe in notizen
notiere die kontakte
kritzle meine warte
strichle meine karte
in der ich mich ver-
lier ich lebe in
notaten möcht darin
erraten was wirklich
kommt zu mir
ich summe meinen
bleistift ich tanze meine
zweitschrift ich lerne
diese dreischrift
hier.

die begrüßung, gerüst

UMARMUNG KUSS
WORT UMARMUNG
SCHRITT ZURÜCK
WORT KOMPLIMENT
FRAGE FRAGE
GEGENFRAGE FREUDE
ZUKUNFT BALD
VEREINBARUNG WORT
BLICK GEWAND
SCHUH SCHWUNG
WORT UMARMUNG
GANG FORT.

DEUTLICH ODER
UNDEUTLICH
UNDEUTLICH
MIT FAST AB-
GEGANGENEN LIPPEN
AUGEN NASE
HAARE

tut leid FAST NICHT MEHR
ÜBER DER ZEIT
ÜBER UNTER

UNTER DEM GRUND
MIT EIGENEN
GERÜCHEN LEITSPUREN
AUFGEQUELLTEM
LEID VERSÜSSTEN
UNERKENNBAREN
PUNKTEN
TUT LEID

umgedrehte listen

umgedrehte listen
ausgeleerte handys
verschlossene schulen
verschiedene materialien
es zu tun schritt
rhythmus genauigkeit
die löcher aus jeans
ihr blau wie das der
augen jedenfalls über-
sehene wörter keine
große sache eine größere
ausgeschüttelte tage
nächte klein wie pupillen
die körperlandschaft
auch wenn sie sich
vordrängt betrachten
schließlich etwas essen
das fest.

wie sie dich sehen

wie sie dich sehen
und dich verdrehen und
meinen du seist loben
dich weg kritisieren dich
zu sich irren dich verwirren
dich sagen es und sagen
es nicht und zuviel quälen
dich fragen dich plagen
dich sagen dich rechnen
dich bis unter den strich
kennen verkennen dich
das ist gewiss was ist
gewiss wer denn ist
ich?

zärtlich geraubt

hätte ich ein ich
nicht nur am papier
im mund angebunden
hier an diesen namen
der auf dem zeugnis
klebt bis ihm nicht
einmal schlecht ist
dann legte ichs dir
in die hände weil du
flammen vertraust
und hätte auch deines
zärtlich geraubt.

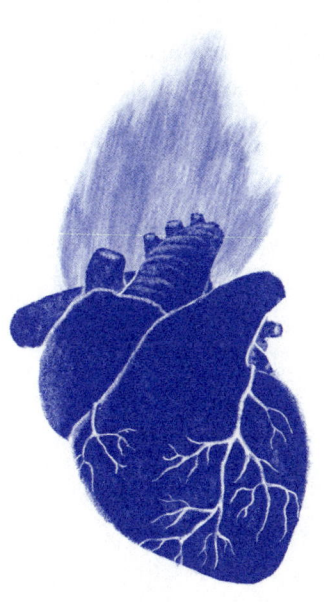

INHALT

Michael Hammerschmid wurde 1972 in Salzburg geboren. Er studierte Germanistik und Theaterwissenschaft. Seit er für seine Tochter ein erstes Kindergedicht schrieb, sind viele weitere Gedichte für Kinder entstanden. 2018 erhielt er den Josef-Guggenmoos-Preis für Kinderlyrik. Michael Hammerschmid unterrichtet an der Universität für Musik und darstellende Kunst und lebt als freier Autor in Wien *(www.michaelhammerschmid.com)*. Für sein Bilderbuch „wer als erster" bekam er 2022 den Kinder- und Jugendbuchpreis der Stadt Wien und den Österreichischen Kinder- und Jugendbuchpreis 2023.
Bei Jungbrunnen lieferbar:
wer als erster (2022)

Barbara Hoffmann wurde 1985 in Nieder-österreich geboren und hegt große Leiden-schaft für leichtfüßigen Humor und Absurdität. Sie studierte Grafikdesign, wo auch die Be-geisterung für Illustration und Kinderbücher wuchs. Nach Auslandsaufenthalten in Italien und Irland als selbstständige Grafikdesignerin und Illustratorin lebt und arbeitet sie in Wien, wo sie zusammen mit Elke Bauer das Grafik- und Illustrationsstudio „The Graphic Society" betreibt *(www.graphicsociety.at)*. Mit ihrem Bilderbuch „Alles, was gesagt werden muss" gewann sie den Romulus Candea Preis 2021 und den Illustrationspreis der Stadt Wien 2022.
Bei Jungbrunnen lieferbar:
Alles, was gesagt werden muss (2022)

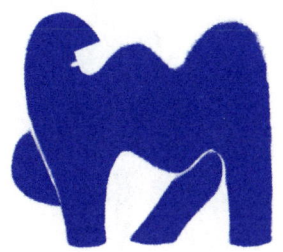

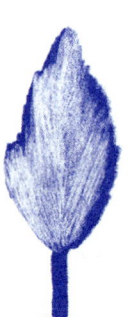